Inhalt

Frauenquote in Unternehmen - eine sinnvolle Strategie?

Kernthesen

Beitrag

Fallbeispiele

Weiterführende Literatur

Impressum

GENIOS WirtschaftsWissen Nr. 10/2010 vom 31.10.2010

Frauenquote in Unternehmen - eine sinnvolle Strategie?

M.Dengl

Kernthesen

- Die Europäische Kommission diskutiert über die Einführung einer Frauenquote in Unternehmen.
- Ziel ist es, mehr weibliche Führungskräfte in den Konzernen zu platzieren. Großunternehmen sollen hierfür bis Ende 2011 Zeit haben.
- Unklar ist, ob eine gesetzlich vorgeschriebene Quote wirklich hilfreich ist.

Beitrag

Europäische Kommission und deutsche Politik wollen die Frauenquote

Wirtschaft und Politik beschlossen im Jahr 2001 eine "freiwillige Selbstverpflichtung" für mehr Chancengleichheit, bisher leider ohne Erfolg. Die Zahlen des Deutschen Instituts für Wirtschaftsforschung belegen dies. Von 833 Vorständen der zweihundert größten deutschen Unternehmen sind nur 21 Frauen. Die Frauenquote bei Aufsichtsräten beträgt zehn Prozent, der Anteil an Frauen im Topmanagement in Großunternehmen sechs Prozent. Jetzt droht die europäische Kommission mit der gesetzlichen Einführung einer Frauenquote in Führungspositionen. So möchte die Kommission den weiblichen Führungskräfteanteil in Unternehmen deutlich erhöhen. Die gesetzlichen Frauenquoten sähen dann wie folgt aus: "Als Zielgröße wäre ein Frauenanteil von 30 Prozent in Aufsichtsräten, der bis 2015 erreicht und bis 2020 auf 40 Prozent erhöht werden soll". Zum Vergleich: in Deutschland sind nur 13 Prozent der Aufsichtsräte der Unternehmen im Deutschen Aktienindex (Dax) Frauen und nur drei Prozent der Vorstandsvorsitzenden großer europäischer Unternehmen weiblich.

In Deutschland fordern die Grünen ab 2015 eine Quote von mindestens 30 Prozent in den Aufsichtsräten und Vorständen von börsennotierten Unternehmen. Ab 2017 sollen es sogar schon 40 Prozent sein. (1), (2), (3)

Frauen führen Familienunternehmen

In jedem vierten deutschen Familienunternehmen, wie bei Bertelsmann, Trumpf oder Henkel steht an der Spitze eine Frau. Dies zeigt eine Umfrage der Intes Akademie für Familienunternehmen unter 253 Unternehmen im deutschsprachigen Raum. Vor allem in Unternehmen mit 25 bis 250 Millionen Euro Jahresumsatz, sind Frauen der Boss. Laut Umfrage hat jede sechzehnte Firma, die aktiv von einer Eigentümerfamilie gesteuert wird, einen weiblichen Chef. Interessant ist, dass dort, wo es eine Frau an die Spitze geschafft hat, der Frauenanteil auch auf den anderen Positionen mit 29 Prozent überdurchschnittlich hoch ist. Bei Familienfirmen mit mehr als 1 000 Mitarbeitern hingegen, sind Frauen in der Geschäftsführung genauso selten wie in den Dax 30-Unternehmen. (6)

Sind Quoten strategisch wirklich sinnvoll?

Die europäische Kommission stützt sich bei ihrer Forderung nach mehr Frauen in Führungspositionen auch auf Studien, die zeigen, dass Unternehmen mit einer ausgeglichenen Geschlechterstruktur eine höhere Eigenkapitalrendite erzielen. Nach einer finnischen Studie erwirtschaften Unternehmen mit einer geschlechtermäßig ausgewogenen Spitze sogar durchschnittlich zehn Prozent mehr Gewinn. Insbesondere in Familienunternehmen haben sich gemischte Führungsteams immer wieder als erfolgreicher erwiesen. Und auch die Deutsche Telekom hat davon gehört und möchte deshalb in den nächsten fünf Jahren 30 Prozent der Top-Positionen mit Frauen besetzen.

Trotz allem lehnen alle anderen DAX-Unternehmen und auch die deutschen Wirtschaftsverbände eine Frauenquote strikt ab. Sie halten eine höhere Frauenquote zwar für einen gesellschaftlichen Wunsch, eine starre gesetzliche Vorgabe aber nicht für ein geeignetes Mittel. Frauen in Führungspositionen, unabhängig von der fachlichen Eignung, werden nicht für wünschenswert erachtet.

Dass es allerdings auch funktionieren könnte, zeigt

sich im europäischen Ausland am Beispiel Norwegen. Hier gibt es einen wesentlich höheren Anteil an Frauen in Spitzenpositionen. Aber auch dort wurde dies nur durch eine Frauenquote erreicht. In fünf Jahren stieg der Frauenanteil von 25 Prozent auf 45 Prozent.

Unklar ist, ob eine gesetzlich vorgeschriebene Quote den Frauen in Deutschland derzeit wirklich helfen würde. Denn ein Haupthindernis bleibt trotz Frauenquote natürlich bestehen: die hierzulande immer noch schlechte Vereinbarkeit von Beruf und Familie. Für eine Studie der Bertelsmann-Stiftung hat das Meinungsforschungsinstitut TNS Emnid 1029 Frauen und Männer befragt. Das Ergebnis zeigt, dass jede zweite Frau ihre Karrierewünsche zugunsten der Familie aufgibt. (1), (2), (11)

Trends

Weibliche Führungskräfte in der Finanzbranche schon auf dem Vormarsch

Die Stadtsparkasse München, mit rund 2 500 Mitarbeitern und einer Bilanzsumme von mehr als 15

Milliarden Euro ist die fünftgrößte Sparkasse in Deutschland - und hat ein weibliches Vorstandsmitglied. Damit gehört die Sparkasse zu den Vorreitern in der Finanzbranche. Die Stadtsparkasse bemüht sich in Anlehnung an die Selbstverpflichtung mehr weibliche Führungskräfte einzusetzen. Rund ein Viertel der Führungspositionen "aller Ebenen" hat die Stadtsparkasse München bereits mit Frauen besetzt. Damit nehmen die deutschen Sparkassen eine Vorbildfunktion ein. Insgesamt sind bereits 46 Frauen in Vorstandspositionen, die Sparkassen erreichen so einen Anteil von vier Prozent. Bei den hundert größten Banken und Sparkassen hingegen sind von 418 Vorstandsposten nur elf mit Frauen besetzt. Dies zeigt eine Studie des Deutschen Instituts für Wirtschaftsforschung (DIW, Berlin). Der Frauenanteil auf Vorstandsebene beläuft sich bei den großen Instituten auf 2,6 Prozent, bei den Versicherungen liegt er mit 2,8 Prozent etwas darüber.
Generell haben Frauen bessere Chancen einen Posten im Aufsichtsrat zu bekommen. Das DIW registriert in den Kontrollgremien von 29 der 100 untersuchten größten Banken und Sparkassen einen Frauenanteil von immerhin 25 Prozent, aber den Vorsitz haben deutlich weniger Frauen. Laut dem DIW nur vier Frauen. (4), (5)

Fallbeispiele

Studie zeigt Berlin hat die meisten weiblichen Führungskräfte

Laut einer Untersuchung der Databyte GmbH sind in Berlin die meisten Frauen in Führungspositionen beschäftigt. Auf den letzten Plätzen liegen Bremen und Baden-Württemberg. Insgesamt stehen die neuen Bundesländer im Bereich Frauen in Spitzenpositionen auffallend gut da. Die "frauenfreundlichsten" Unternehmen Deutschlands sitzen in Berlin - mit einer Frauenquote auf Führungsebene von über 19 Prozent - und in Sachsen, Saarland, Sachsen-Anhalt und Brandenburg mit jeweils über 18 Prozent. In Niedersachsen und Schleswig-Holstein sind nur etwa 17 Prozent, in Nordrhein-Westfalen und Bremen rund 16 Prozent Frauen in Führungspositionen vertreten. Baden-Württemberg bildet mit unter 16 Prozent das Schlusslicht. (8)

Frauenförderung auch für Personaler wichtig

Wie die Messe Zukunft Personal in Köln gezeigt hat, ist die Human-Resources-Branche gut durch die Krise gekommen. Ein zentrales Thema der Messe ist aus aktuellem Anlass die Gleichstellung der Frauen im beruflichen Bereich. Während der Messe wurden Erfahrungen und Meinungen ausgetauscht. So kam auch die Vorstandsvorsitzende von Warema Renkhoff SE, Frau Angelique Renkhoff-Mücke, zu Wort. Sie berichtete von ihren Erfahrungen mit der Initiative des Verbandes der bayerischen Metall- und Elektroindustrie (VBM), der es sich zum Ziel gemacht hat, die Zahl der weiblichen Führungskräfte zu steigern. Mit Hilfe von Sensibilisierungs-Workshops soll den Führungskräften verdeutlicht werden, mit welchen Hindernissen Frauen auf den Weg zu einer Spitzenposition im Unternehmen zu kämpfen haben. (7)

Reine Frauencrew fliegt erstmals Frachtflugzeug

Zum ersten Mal ist eine dreiköpfige reine Frauencrew mit einer Frachtmaschine, Typ Boeing 777 Frachtmaschine der AeroLogic, vom Flughafen Leipzig/Halle gestartet. Die Crew bestand aus Commander Cristina Rossi, Senior First Officer Monika Kölling und First Officer Stefanie Däubler. Der Flugbetriebsleiter Josef Moser bestätigte, dass es noch nie zuvor eine dreiköpfige Damen-Crew an Bord einer Frachtmaschine gegeben hat. Dabei liegt die AeroLogic mit einer Frauenquote im Cockpit von acht Prozent wohl über dem nationalen und internationalen Durchschnitt. (9)

Weibliche Führungskräfte haben in der IT-Branche Seltenheitswert

In der IT-Branche haben es weibliche Führungskräfte immer noch schwer und sind noch in der Minderheit. Trotzdem gibt es einen Trend, dass mehr Frauen sich für die IT-Branche entscheiden, bisher noch ohne durchschlagenden Erfolg. Der Frauenanteil bleibt im Top-Management von IT-Unternehmen auf einem niedrigen Niveau. Förderlich wären flexiblere Arbeitszeiten und vor allem Rollenvorbilder. Ein Vorzeigeunternehmen ist da HP. Dort beträgt der Frauenanteil bei den Mitarbeitern rund 30 Prozent, in der ersten Führungsebene 50 Prozent. Eine Frauenquote hat das Unternehmen allerdings nicht. (10)

Weiterführende Literatur

(1) EU-Kommission droht mit Frauenquote Ziel: Mehr weibliche Führungskräfte in der Wirtschaft - Große

Unternehmen sollen Schonfrist bis Ende 2011 bekommen
aus DIE WELT, 17.09.2010, Nr. 217, S. 9

(2) Grüne fordern 40 Prozent QUOTE Unternehmen mit Frauen an der Spitze sind besser. Doch die Wirtschaft will keine Frauen in Führungspositionen. Das wollen die Grünen jetzt mit einem Gesetz ändern
aus taz, 13.10.2010, S. 05

(3) Mehr Frauen für die Führungsetage
aus PZ Pharmazeutische Zeitung vom 19.08.2010 Seite 44

(4) FRAUEN UND FÜHRUNG I Hang zu Höherem
aus Sparkasse, Oktober 2010, Nr. 10, S. 20

(5) Auf Initiative von DSGV-Präsident Heinrich Haasis diskutierten 13 weibliche Vorstandsmitglieder in Neuhardenberg Mehr Frauen in die Sparkassen-Vorstände
aus Die SparkassenZeitung, 24.09.2010, Nr. 38, S. 7

(6) Frauen an der Macht // Auch ohne Quote: Schon jedes vierte Unternehmen in Familienbesitz wird von einer Frau geleitet - und das soll erst der Anfang sein
aus Der Tagesspiegel Nr. 20762 VOM 10.10.2010 SEITE K02

(7) Messe Zukunft Personal Die Förderung von Frauen wird für Personaler zum zentralen Thema
aus MM MaschinenMarkt Nr. 043 vom 25.10.2010

Seite 012

(8) Regionalstudie zu Frauen in Führungspositionen Berlin gibt Beispiel
aus Die SparkassenZeitung, 10.09.2010, Nr. 36, S. 18

(9) Erste Frauen-Crew in Frachtmaschine
aus DVZ, Nr. 102 vom 26.08.2010

(10) Hürdenlauf für Frauen in der IT-Branche geht weiter
aus "Computerwelt" Nr. 18 / 2010 vom 09.09.2010

(11) Wirtschaft will die Frauenquote aussitzen
aus Handelsblatt Nr. 112 vom 15.06.2010 Seite 4

Impressum

Frauenquote in Unternehmen - eine sinnvolle Strategie?

Bibliografische Information der deutschen Nationalbibliothek

Die Deutsche Nationalbibliothek verzeichnet diese Publikation in der deutschen Nationalbibliografie; detaillierte bibliografische Daten sind im Internet über http://dnb.d-nb.de abrufbar.

ISBN: 978-3-7379-1268-6

© 2015 GBI-Genios Deutsche Wirtschaftsdatenbank GmbH, Freischützstraße 96, 81927 München, www.genios.de

Alle Rechte vorbehalten. Dieses Werk ist einschließlich aller seiner Teile – z.B. Texte, Tabellen und Grafiken - urheberrechtlich geschützt. Jede Verwertung außerhalb der Grenzen des Urheberrechtsgesetzes bedarf der vorherigen Zustimmung des Verlags. Dies gilt insbesondere auch für auszugsweise Nachdrucke, fotomechanische Vervielfältigungen (Fotokopie/Mikroskopie), Übersetzungen, Auswertungen durch Datenbanken oder ähnliche Einrichtungen und die Einspeicherung und Verarbeitung in elektronischen Systemen.